BEI GRIN MACHT SICH IHR WISSEN BEZAHLT

AF135873

- Wir veröffentlichen Ihre Hausarbeit,
  Bachelor- und Masterarbeit

- Ihr eigenes eBook und Buch -
  weltweit in allen wichtigen Shops

- Verdienen Sie an jedem Verkauf

Jetzt bei www.GRIN.com hochladen
und kostenlos publizieren

Kafkas "Vor dem Gesetz" als Gegenstand im Literaturunterricht

Bibliografische Information der Deutschen Nationalbibliothek:

Die Deutsche Nationalbibliothek verzeichnet diese Publikation in der Deutschen Nationalbibliografie; detaillierte bibliografische Daten sind im Internet über http://dnb.d-nb.de abrufbar.

ISBN: 9783346589705
Dieses Buch ist auch als E-Book erhältlich.

© GRIN Publishing GmbH
Trappentreustraße 1
80339 München

Druck und Bindung: Books on Demand GmbH, Norderstedt Germany
Gedruckt auf säurefreiem Papier aus verantwortungsvollen Quellen

Das Buch bei GRIN: https://www.grin.com/document/1167838

Friedrich-Schiller-Universität Jena

Philosophische Fakultät

Institut für germanistische Literaturwissenschaft

Modul: Literatur und Schule

Sommersemester 2020

„Vor dem Gesetz" als Gegenstand im Literaturunterricht

Inhalt

1 Einleitung

Der Text „Vor dem Gesetz"[1] ist einer der am meisten interpretierten Texte der Weltliteratur und findet somit in der Literaturwissenschaft großen Anklang (vgl. Neumann 2007:162). Der Text wurde gar zum „Grund- oder Leitmotiv für das ganze Erzählwerk Kafkas" (Kreis 1996, 41) geadelt. Doch es bedarf mehr als eines existierenden Diskurses über die Lesarten dieser Parabel[2], um diese im schulischen Literaturunterricht zu behandeln. Gerade weil der Thüringer Lehrplan den LuL offen lässt, was sie mit den SuS lesen, obliegt es der Verantwortung der Lehrkraft, ihre Literaturauswahl anhand ihrer Ziele und der Funktion des Literaturunterrichts zu überdenken (vgl. KMK 2019). Dies soll in dieser Arbeit geschehen: Die Türhüterparabel wird als möglicher Gegenstand im Deutschunterricht auf ihr Potenzial, der Funktion und den Zielen des Literaturunterrichts nachzukommen und untersucht. Auch werden didaktische Überlegungen angestellt, durch welche didaktische Aufbereitung man diese Ziele durch den Text als Gegenstand im Unterricht erreichen könnte. Hierfür ist zunächst eine Bestimmung zentraler Aufgaben des Literaturunterrichts notwendig: die SuS mit dem Spezifischen an Literatur bekanntmachen, die Förderung von Empathiefähigkeit und die Selbstbildung durch Reflexion (Kap. 2). Daraufhin erfolgt eine Reflexion meiner eigenen zentralen Leseeindrücke (Kap. 3), welche die Grundlage meiner Formanalyse darstellen: der Aspekt des Komplexitätsgrades des Textes, der Identifikation mit dem Mann und der Irritation, die hierdurch auftritt (Kap. 3.1-3.3). Auf ebendiese Aspekte möchte ich die SuS aufmerksam machen. Inwiefern diese Aspekte den Zielen des Literaturunterrichts entgegenkommen wird in Kap. 4 diskutiert. Hier werden mögliche Schwierigkeiten und Chancen des Textes antizipiert und die Eignung des Textes für den Literaturunterricht erörtert (Kap. 4). Nachfolgend werden die in Kap. 3 gesetzten Schwerpunkte didaktisch aufbereitet (Kap.5), da der Text meines Erachtens einen interessanten, zielführenden Unterrichtsgegenstand darstellen kann.

Die Arbeit thematisiert lediglich die Türhüterparabel. Das hat zum einen pragmatischen Grund: den gesamten Prozess zu lesen und ihm gerecht zu werden, erfordert viel Unterrichtszeit. Außerdem veröffentlichte Kafka die Parabel vorab und es ist somit legitim, den Text isoliert zu rezipieren (vgl. Zimmermann

---

[1] Im Folgenden zitiert aus Franz Kafka: Der Prozess. 10. Auflage 2003, Frankfurt am Main: Fischer.

[2] In der Literatur findet sich auch die Bezeichnung Legende und Erzählung. Aufgrund des Bildbereichs und der Notwendigkeit eines Vergleichspunktes zum vertieften Begreifen dieses Textes ordne ich den Text als Parabel ein (vgl. Homberger 2009, 299)

1995, 61). Jedoch verändert das Herauslösen aus dem Prozess den Blick auf die Parabel, was zwar einerseits eine wünschenswerte Unvoreingenommenheit bewirkt, andererseits jedoch die Unabschließbarkeit der Sinnkonstruktion verstärkt.3

2 Literaturbegriff, mögliche Funktionen und Ziele des Literaturunterrichts

In der Forschung gibt es eine Vielzahl an Meinungen über die Aufgaben von Literaturunterricht. Um eine eigene Verortung anzustellen, muss hier zunächst ein Literaturbegriff definiert werden, auf dem die Argumentation dieser Arbeit aufbaut. Literatur wird von Gottfried Willems als „wertenden Verständigung über Werte" bezeichnet (2002, 1012). „Wert" umfasst hier all das „für dessen Seinsollen Menschen handelnd einstehen", was Menschen bewusst oder unbewusst als wichtig empfinden. „Wertend" meint dabei nicht urteilend, sondern in einem Modus, in dem der Leser Anteil nehmen kann, mitfühlen, Empathie entwickeln und Fremdverstehen aufbauen kann. „Sich wertend über Werte zu verständigen" bedeutet, „im intersubjektiven Austausch das einer neuerlichen Wertung darzustellen, was sie als Werte begründet". Literatur dient also dem Nachvollziehbar- und Erlebbarmachen von Wertungen. Die Funktion von Literatur ist deshalb die „sprachliche Vergegenwärtigung lebensweltlicher Wahrnehmungs- und Bewusstseinszustände, die ihren Rezipienten zum Anlass und zum Stimulus einer wertenden und reflektierenden Auseinandersetzung mit sich selbst und ihrer Lebenswelt wird" (Löck 2010, 85). Daraus lassen unter anderem die charakteristischen Momente der Anschaulichkeit, Formensprachlichkeit und Wertungsbezogenheit ableiten.4 Das Potenzial von Literatur nach dieser Definition und somit von Literaturunterricht liegt darin, dass Menschenbilder und Weltbilder sich in Literatur über Werte bilden. Deshalb kann gerade im Umgang mit Literatur diese Verständigung über Werte stattfinden. Denn die Eigenschaften literarischer Rede (Formensprache, Anschaulichkeit und Polythematik) kommen dieser Verständigung entgegen.

---

3 Im literaturdidaktischen Diskurs wird die Parabel oft als vom Prozess isolierter Unterrichtsgegenstand verwendet, was jedoch nicht unumstritten ist (vgl. Kammler 1993, 197).

4 Formsprachlichkeit definiert Willems, auf den sich Löck in seiner Synthese bezieht, als „Arbeiten mit ästhetischen Formen, durch das dem impliziten Verhandeln von Allgemeinem seine Richtung gegeben wird"(Willems 2010 S. 237) Durch eine „sprechende Formgebung" wird es möglich, implizit auch nicht-explizierbares darzustellen und „zwischen den Zeilen" zu schreiben.(Löck 2010: 112) Zudem ist Literatur „anschaulich", das bedeutet, dass das Allgemeine durch das Besondere ausgedrückt wird.(Willems:2010 S. 241f) Literarische Rede solle „ästhetisch evident" werden. Diese ästhetische Evidenzbildung funktioniert, indem das „Phantasieerleben" des Lesers angeregt wird. So bringt der Leser die im Text dargestellten Werte mit eigenen Erfahrungen in Verbindung und bewertet sie.(aaO., 242) „Polythematik" grenzt Willems von der Monothematik der Wissenschaft ab (ebd.)

Der Literaturunterricht ist der Raum für das Einüben einer solchen Verständigung. Die Ziele des Literaturunterrichts bestehen meines Erachtens demnach unter anderem darin, die SuS mit Literatur und ihren (nützlichen) Eigenschaften bekannt zu machen, um ihnen zu ermöglichen, Gefallen an Literatur zu finden und den „literarischen Raum" zu betreten. Der Grundstein für ein Interesse an Literatur soll gelegt werden durch erste Kontakte mit Literatur und dem Umgang mit ihr. Deshalb soll Literaturunterricht »ein Angebot [sein], sprachlich vermittelte Erfahrungen zu machen« (Köster&Matuschek 2019, 24). Ein im Literaturunterricht verwendeter Text soll also als Ergebnisangebot dienen (ebd.) und zugleich soll eine Reflexion dieses Erlebnisses stattfinden. Zudem soll Literatur einen sozialisierenden Beitrag zum besseren Zusammenleben leisten (vgl. Ehlers 2016, 29). Dies kann sich darin äußern, dass die SuS sich im Unterrichtsgespräch beim Austausch über Leseeindrücke verständigen und verstehen lernen, weil sie dadurch üben, ihre Empfindungen nachvollziehbar mitzuteilen. Köster spricht eine weitere „Verpflichtung" des Literaturunterrichts an und zielt auf die „Bildung des Selbst" (2020, 25) ab. „Einem Literaturunterricht, der sich auch an Bildungszielen orientiert, geht es darum, die Textwelt zu erkunden, Beziehungen zwischen Text- und Lebenswelt auszuloten und diese zu reflektieren."(a.a.O. 31) Die lebensweltlichen Bezüge bieten sich meines Erachtens durch die Polythematik von Literatur an. Eine ähnliche Formulierung wie bei Köster findet sich im Thüringer Lehrplan: SuS sollen „sich bei der Rezeption von Texten kritisch mit eigenen Wertvorstellungen, Welt- und Selbstkonzepten, […] auseinandersetzen" (KMK 2019, 60; 62). Zusammenfassend soll Literaturunterricht die SuS meines Erachtens mit dem Spezifischen an Literatur bekannt machen, Empathiefähigkeit fördern und Reflexionsprozesse in Gang setzen.

3 Form und intendierte Wirkung in Kafkas Türhüterparabel

Bevor in Kap. 4 das Potenzial der Parabel für den Literaturunterricht untersucht wird, widme ich mich hier dem Text „Vor dem Gesetz" selbst und entwickle auf Basis meines Leseeindrucks und einer Formanalyse Interpretations- und Analysefragen, um nachzuvollziehen, weswegen mein Leseeindruck (siehe Anhang) von Irritation geprägt ist. Drei zentrale Darstellungsaspekte, die mir beim Lesen aufgefallen sind und die zur„inhaltliche[n] Dynamik" (Andri̇nga 1994, 182) beitragen, möchte ich hier bespreche5. Es handelt sich

---

[5] „Wenn sich trotzdem immer wieder die Erfahrung gelten macht, dass Kafkas Dichtungen einer Deutung Widerstand entgegensetzen, wenn sie sich gleichsam weigern, den Interpreten überhaupt in ihren Wortlaut einzulassen, so [liegt] der Grund […] allein in der Art der Darstellung selbst." (Kobs 1970, 7)

nicht um die einzig mögliche Schwerpunktsetzung,[6] aber um eine literaturwissenschaftlich belastbare (vgl. Kobs 1970, 7) und sie spiegelt meine Faszination für den Text wieder, die ich den SuS vermitteln möchte.

3.1 Die einfache Lesbarkeit

Der kurze Text besteht vornehmlich aus recht kurzen einfachen Hauptsätzen und Satzreihen sowie wenigen Satzgefügen. Die Situation wird knapp und klar gezeichnet (Zimmermann 1995, 61), was durch die gravierende Zeitraffung („viele[] Jahre" (227) werden auf zwei Seiten erzählt) deutlich wird. Die verwendeten Wörter gehören zum Grundwortschatz, lediglich das (für meine Interpretation nebensächliche) Attribut „tatarisch"(226), welches den Bart des Türhüters näher beschreibt, kann nicht als allgemein bekannt vorausgesetzt werden. Das „Gesetz"(226f) ist das einzige irritierende, weil nicht näher definierte Objekt im Text.(siehe Kap.4) Da die Handlung jedoch „vor dem Gesetz"(226) spielt, kann dennoch globale Kohärenz erzeugt werden. Die Erzählung erfolgt chronologisch. Der auktoriale Erzähler ergänzt das Gesprochene zwischen Türhüter und dem Mann um die zusammenfassende Wiedergabe und Beschreibung der Gedanken des Mannes („Solche Schwierigkeiten [...]"(226), „Er vergisst die anderen Türhüter[...](227), „Vor seinem Tod sammeln sich[...](227)). All das macht den Text leicht lesbar und dient dazu, den Zugang des Lesers zur Vorstellung der Szenerie zu erleichtern, was die Identifizierung mit dem Mann vom Lande unterstützt.

3.2 Die Identifizierung mit der Figur

Was nimmt der Leser wahr und wessen Wahrnehmung ist das? Kafka lässt den personalen Er-Erzähler konsequent aus der Perspektive des Mannes erzählen.(vgl. Erlemann 2014, 95) Dies geschieht teilweise durch die wörtliche Wiedergabe seiner Gedanken („das Gesetz soll doch jedem und immer zugänglich sein denkt er" (226)) oder eine raffende Paraphrase seiner Gedanken („dieser erste scheint ihm das einzige Hindernis" (227). Die Erzählstimme gibt neben dem Denken auch das optische Wahrnehmungsfeld des Mannes wieder. Sichtbar wird dies an der Fremdcharakterisierung des Türhüters: Er wird genau beschrieben und attributreich als mächtiges Hindernis dargestellt („ich bin mächtig", „Pelzmantel", „große Spitznase", „tatarischer Bart" (226)). Durch diese Beschreibung des Sichtfelds des Mannes betrachtet und in-

---

[6]So wird im literaturwissenschaftlichen Diskurs verhandelt, in welchem thematischen Bezugssystem (psychologisch, soziologisch, philosophisch oder theologisch) er zu deuten sei. Doch z.B. Hiebel spricht sich dafür aus, solche Deutungen gegenüber metainterpretativen Versuchen zurückzustellen (1999, 107) Die möglichen Logiken und Funktionen des Textes werden als Forschungsüberblick überzeugend systematisch von Andringa dargestellt (1994, 179-184).

terpretiert der Leser zunächst die Textwelt aus den Augen des Mannes. Welche Affekte erzeugt die Beschreibung der Handlungen des Türhüters, dieses mächtigen Hindernisses? Der Türhüter gewährt dem Mann verbal keinen Einlass („jetzt aber nicht" (226)), lässt sich nicht bestechen und lässt den „kindisch" (227) werdenden Mann, der möglicherweise schrittweise erblindet(„ ob ihn nur seine Augen täuschen"(227)) und dessen „erstarrender" (227) Körper geschrumpft (Größenunterschied, vgl. 227) ist, nicht aktiv eintreten. Das wirkt erbarmungslos und weckt Antipathie, da der Türhüter kein Mitleid zu empfinden scheint, hierdurch herzlos wirkt und willkürlich zu handeln scheint. Dieser Eindruck wird dadurch verstärkt, dass die Gedanken und möglichen Motive des Türhüters nicht wiedergegeben werden. Der Leser lernt die Perspektive des Mannes kennen, nicht aber die des Türhüters. Diese einseitige Perspektivierung ist ein Baustein der inhaltlichen Dynamik des Textes. Was bewirkt die einschüchternde unsympathische Darstellung des Türhüters und durch welche Attribute des Mannes wird dies unterstützt? Der Leser fühlt mit dem Mann mit, weil durch die Darstellung des Türhüters ein Kräfteungleichgewicht und ein Machtgefälle imaginiert wird. Weswegen stellt man den „Kampf" des Mannes, das strebende Warten des Mannes nicht infrage? Das Streben („ermüdet den Türhüter durch seine Bitten","verwendet alles" (227)) des Mannes wird so beschrieben, „als besitze es eine unhintergehbare Faktizität" (Alt 2005, 412), denn es wird nicht erläutert, was das Gesetz ist und weswegen der Mann eintreten will. Da man dem (durch die Perspektivierung) sympathisch wirkenden Mann unterstellt, dass er nicht grundlos wartet und da „alle" (227) nach dem Gesetz streben, ist das Gesetz also das, nachdem man automatisch strebt. Jeder Mensch hat Bedürfnisse und Wünsche. Durch das nicht näher definierte Ziel des Strebens, nämlich, was genau das „Gesetz" (227) ist, ermöglicht es Kafka dem Leser, sein eigenes Streben in das des Mannes hineinzuprojizieren. Durch das Sich-selbst-wiederfinden im Mann vom Lande, dem man seine eigenen Bedürfnisse unterstellt, entstehen wiederum Sympathie und Identifikation. Außerdem bietet die Hörigkeit des Mannes ein Identifikationspotenzial: Der Mann akzeptiert die „objektive Geltung" der Macht des Türhüters ungefragt. (Alt 2005, 410) Dieses automatische oder unreflektierte Akzeptieren von Autoritäten findet sich auch in der Lebenswelt der LeserInnen, beispielsweise bei einem bedingungslosen Folgen von Anweisungen eines Polizisten oder auch beim Achten von Verbotsschildern. Die literarische Raffinesse des Textes liegt zunächst also darin, mit dem Mann vom Lande ein Identifikationsangebot zu schaffen. Die anschauliche Darstellung hat das Ziel, dass der Leser es ungerecht findet, dass der Mann vom Lande keinen Einlass erlangt und der Türhüter eher schlecht dasteht.

3.3 Die Irritation, die durch die Identifizierung mit der Figur erzeugt wird

„Wie das erzählte Ich meinen die Leser, spontan zu verstehen, und werden sogleich in ihrem Verstehen verunsichert" (Erlemann 2014, 95). Welchen „Widerspruch" (Zimmermann 1995, 59) beinhaltet der Text, der zu Verunsicherung führt? Paradox wirkt der Eingang(„das Tor"(226)), der zugleich „für ihn und nicht für ihn" bestimmt ist (Hiebel 1999, 109): der Mann darf nicht eintreten, das Tor steht aber „immer" (226) offen und ist nur für den Mann bestimmt (vgl. 227). Den Textverlauf über suggeriert die Darstellung, dass der Mann alles ihm mögliche tut, um Einlass zu erhalten („er macht viele Versuche", „verwendet alles"(226), spricht sogar mit Flöhen (vgl. 227)). Dadurch entsteht der Eindruck, der Mann habe jede mit ganzer Kraft versucht, Einlass zu erlangen. Zudem erwartet der Leser, von „erzählwürdigen" (Ehlers 2016, 67) Schwierigkeiten des Helden zu erfahren, die Tatsache, dass der Mann sich zunächst hinsetzt (226) und die anderen Türhüter „vergisst"(227) relativieren diesen Eindruck erst bei genauerer Betrachtung. Am Ende eröffnet der Türhüter jedoch, dass die Tür nur für den Mann bestimmt war (vgl. 227), was nahelegt, dass der Mann die Tür hätte öffnen können. Das bedeutet wiederum, dass der Mann sich selbst daran gehindert hat, einzutreten (vgl. Foucault, 1977, S. 288ff). Aus dem zunächst angenommenen „sozialem Zwang ist Selbstzwang geworden" (Hiebel 1999, 110)7. Unabhängig von der Existenz zwanghaften oder gegen sich selbst schädigenden Verhaltens: Weswegen kann der Leser dennoch nachvollziehen, dass der Mann nicht eintritt? Die objektive Perspektive ist verständlich(s. Kap. 3.1), aber wird nicht erlebbar gemacht(s. 3.2). Man glaubt eher dem Mann, weil wir ihn durch die Perspektivierung und das Identifikationspotenzial begreifen und uns einfühlen. Und: was erwartet man beim Lesen des Textes, was fühlt man beim Warten? Eine „dauernde Hoffnung [], dass ihm der Einlass irgendwann gewährt werde" (Wrobel 2013, 88). Ein Mann handelt also irrational und borniert und ist zugleich Sympathieträger. Wodurch entsteht beim Lesen also eine über das Lesen andauernde Irritation? Gezeigt wird nur die subjektive Perspektive des Mannes. Gesagt wird jedoch vom Türhüter, wie es objektiv ist. Hierdurch entsteht eine literarische „Sinnestäuschung". Die Probleme, die diese Täuschung mit sich bringen kann, werden im folgenden Kapitel weitergehend erläutert.

4 Eignung des Textes für den Deutschunterricht

Inwiefern ist dieser irritierend wirkende Text geeignet, die in Kap. 2 genannten Ziele des Literaturunterrichts zu erreichen? Die Einsicht, dass dieser einfach lesbare Text (Kap. 3.1) schwer verstehbar ist, kann durch diesen Text erreicht werden. Das Erlebnisangebot des Textes ist, dass er uns einen Spiegel vorhält, in welchem man nicht gut aussieht, da man sich, wie der Mann vom Lande, etwas vormacht, damit man es bequem hat in seiner Sicht auf sein eigenes Handeln. Es handelt sich um ein Erlebnisangebot, weil die

---

[7] Deshalb ist auch Derrida zuzustimmen, der feststellt, dass wir zugleich Wächter und Männer vom Lande sind (2006 S.58).

Botschaft (Du bist für das Erreichen deiner Ziele selbst verantwortlich) nicht expliziert wird, sondern man durch Irritation darauf gestoßen wird, dass der Reflex des Abschiebens von Schuld fragwürdig ist. Durch die anschauliche Darstellung (Kap. 3.2) wird der Leser dazu angeregt, sich die Szene vorzustellen und Emotionen zu entwickeln. Eine Möglichkeit, diesen Aspekt produktiv aufzugreifen, besteht darin, den SuS Raum für ihre subjektiven Leseeindrücke zu geben und nachzuvollziehen, warum sie dem Plot leicht folgen können. Auch durch einen Vergleich von Erwartungen an den Text und eine Reflexion über die Irritation und die Frage, was diesen Text besonders macht, kann das ästhetische Erlebnis aufgegriffen werden und die Eigenschaften von Literatur der Anschaulichkeit und der Formensprache bewusst machen. Auch der Förderung des Selbst- und Fremdverstehens kann der Text nachkommen. Durch die Perspektivierung wird dem Leser der Sympathieaufbau und das Einfühlungsvermögen mit dem Mann vom Manne erleichtert, zudem entsteht hierdurch ein „Interessantheitswert" für den Leser (Ehlers 2016, 67). Durch die Reflexion, dass der Leser das Fehlverhalten des Mannes nachvollziehen kann, können SuS angeregt werden, zu überdenken, wo sie sich selbst wie der Mann vom Lande verhalten. Dies wird auch unterstützt durch die von Fingerhut beschriebene Offenheit des Textes für mehrere Verstehensformen (2017, 172). Dadurch kann die Einsicht gewonnen werden, dass man sich selbst blockiert, Dinge zerdenkt, Ausreden sucht, Schuldzuweisungen durchführt, und sich selbst von ursprünglichen Zielsetzungen abbringt. Durch die Irritation (Kap. 3.3) bietet der Text gleichzeitig die Möglichkeit, auch nach der Einsicht, dass der Mann falsch gehandelt hat, eine gewisse Toleranz und Nachsichtigkeit mit dem Mann zu entwickeln. Denn der Mann nimmt die Welt so wahr, dass für ihn ein echtes Problem entsteht. Hierdurch können SuS lernen, Nachsicht mit sich und mit Anderen (bei denen Probleme offensichtlicher lösbar erscheinen) zu entwickeln. Des Weiteren bietet die Sicht auf den Menschen, die die Parabel impliziert, einen Anlass, diese wertend zu reflektieren und mit eigenen Annahmen in Bezug zu setzen. Der Text hat deshalb das Potenzial, den in Kap. 2 genannten Zielen und Funktionen des Deutschunterrichtes nachzukommen.

Bevor der Text jedoch als Unterrichtsgegenstand werden kann, müssen jedoch auch einige Herausforderungen, die der Text an die SuS stellt, bedacht werden. Neben der potenziellen Problem des Umgangs mit Offenheit drohen bei der Lektüre des Textes die totale Identifikation und die totale Ablehnung des Mannes. Erstere Herausforderung wird durch ein textuelles „Hintertürchen" befördert: Es könnte sein, dass die Türhüter hinter der Tür in der Tat angsteinflößend und schrecklich sind. (Es könnte aber auch nicht so sein. Der Text bietet keinen Hinweis für eine Vermutung.) Der Leser findet also eine Ausrede für den Mann und damit auch für sich, weil er sich total mit dem Mann identifiziert und keine Distanz findet: Es ist nicht meine Schuld, dass ich vorankomme, sondern es liegt an den Türhütern, an möglichen Gefahren. Im Text geht es jedoch nicht um die möglichen weiteren Türhüter der Text fokussiert die eine erste Tür zum Gesetz.

„Er vergisst die anderen Türhüter und dieser erste erscheint ihm das einzige Hindernis für den Eintritt in das Gesetz" (227). Die LuL sollte darauf verweisen, dass der Text also nicht die Frage, ob es noch weitere Türhüter gibt verhandelt, sondern um die Handlung des Mannes.

Überdies drohen Fehlinterpretationen trotz der Vieldeutigkeit des Textes (Kammler 1993, 187; Hiebel 1999, 107) Die Struktur des Problems kann auf jeden Lebensbereich übertragen werden. Gerade zwischenmenschlichen Konflikte, in denen mehr als eine Person am Gelingen oder Scheitern einer Problemlösung involviert sind, sollten nicht 1:1 auf den Text übertragen werden.

Die zentrale Herausforderung des Textes besteht jedoch im Umgang mit seiner Botschaft. Der Mann versagt aufgrund menschlicher Schwächen wie Angst, Feigheit oder Willensschwäche und hätte anders handeln sollen. (vgl. Andringa 1994, 180) Das kann zu einer starken Abgrenzung zum Mann stattfinden, indem der Leser ein Unverständnis gegenüber dem Mann als Schutz seines Selbstwertes an den Tag legt, um selbst besser dazustehen(vgl. Böttger et al. 2006, 30-32). Im Gegensatz zur Schwierigkeit der totalen Identifikation lässt sich dieses Problem nicht durch genaues Lesen beheben. Der Leser muss also „in der Lage und willens sein, sich auf das Gelesene „einzulassen"."(Fingerhut 2017, 164) Dies stellt eine emotionale Verstehensanforderung dar, weil dem Leser psychisch etwas zugemutet wird, was unangenehm ist: eine negative Erkenntnis über sich selbst. Eigenes Versagen zu begreifen, fällt schwer. Diese Reflexionsleistung muss erst gelernt werden, weshalb der Text meines Erachtens eher für ältere SuS (ab Klasse 10/11) geeignet ist.[8] Der Text ist auch in der Oberstufe anspruchsvoll, denn nach einer anstrengenden Selbstfindungs- und Sinnfindungsphase in der Pubertät ist es unangenehm, das langsam gewonnene Selbstverständnis zu erschüttern. Weil es so schwierig ist, sich sofort von der eigenen Perspektive, die der des Mannes folgt, zu distanzieren, erfordert die Arbeit mit diesem Text eine gewisse Frustrationstoleranz. Man findet nicht unmittelbar nach der Lektüre eine Lösung, weil man sich innerlich gegen die Auflösung am Ende des Textes wehrt. Für jüngere SuS könnte es sehr herausfordernd sein, sich von dem anregenden Matroschka-Konstrukt des Gesetzes und der anschaulichen Perspektivierung zu lösen und sich auf das Wesentliche, die Selbsttäuschung, zu konzentrieren. Außerdem kann die

---

[8] Die Einstufung des geeigneten Alters der SuS variiert in der Literatur. Beispielsweise hält Ute Fischer den Text für die Orientierungsstufe/Sek 1 für geeignet (1993, 41), im Kontext des Prozesses wird der Text jedoch für die Sek II von Karlheinz Fingerhut thematisiert (1993, 46). „In der höheren Sekundarstufe werden Verhaltensweisen des Erzählers, fokalisiertes Erzählen, Zeit- und Raumstrukturen differenzierter betrachtet."(Ehlers 2016, 90) Letztlich kommt es darauf an, ob man ein vertieftes Verständnis der Parabel oder dessen Vorbereitung erwirken will (vgl. Homberger 2009, 300)

Mannigfaltigkeit an Interpretationsmöglichkeiten bei deren gleichzeitiger Begrenztheit herausfordernd sein. Zudem ist eine gewisse Lebenserfahrung für das Verständnis des Mannes notwendig. Zusammenfassend müssen die SuS zum Verstehen und Aushalten des Kontrastes von objektiv gesagtem und subjektiv empfundenen (Kap. 3.3) sowie der negativen Selbsterkenntnis in der Lage sein.

5 Reflexion und didaktisch-methodische Folgerungen

Wie könnte dieser Text im Unterricht nun thematisiert werden? Beispielsweise Kammler und Ehlers stellen die doppelte Anforderung an den Literaturunterricht, einerseits eine gesicherte textnahe Deutung zu etablieren und andererseits Sichtweisen und Sinnentwürfe der SuS zu öffnen (Kammler 1993, 199; Ehlers 2016, 86). Deswegen empfiehlt sich eine „Kombination von textanalytischen, interpretativen und handlungs-/produktionsorientierten Verfahren" (Ehlers 2016, 90). Vor diesem Hintergrund und auf Basis der Funktionsbestimmung von Literaturunterricht und der von mir hervorgehobenen Textaspekte stelle ich fünf Schritte vor, in denen man den Text im Unterricht erarbeiten könnte. Diese Schritte werden im wesentlichen im Unterrichtsgespräch erarbeitet, denn das Unterrichtsgespräch eignet sich dazu, „einzelne Verstehensaktivitäten" einzubetten und „Impulse für vertiefende Verstehensprozesse" zu setzen, welche aufgrund der in Kap. 4 antizipierten Schwierigkeiten notwendig sind, sowie dem „Abgleich verschiedener Lesarten von Schülern, der argumentativen Verteidigung eigener Deutungen, der Versprachlichung von Leseerfahrungen und der Motivationssteigerung"(ebd.).

1. Wenn eine Zielstellung lautet, dass die SuS das Besondere an diesem Text beschreiben sollen und den Mehrwert des Mediums Literatur erkennen sollen, so bietet es sich an, mit den Leseendrücken der SuS zu arbeiten und der Irritation der SuS Raum zu geben. Denn „[d]er Text scheint die Leser ausnahmslos durch die rätselhafte Wende am Schluss zu schockieren" (Andringa 1994, 179). Hierbei bietet es sich an, beispielsweise in einer Wortwolke oder durch ein sogenanntes Blitzlichtgewitter, Impressionen der Verwirrung, Ablehnung, des Unverständnisses und vielleicht auch der Neugier einzufangen. Man könnte an dieser Stelle auch schon spontane (Fehl-)Interpretationsansätze der SuS sammeln. Die Lehrkraft hat in dieser Phase die Aufgabe, die SuS dabei zu unterstützen, die Perspektive des Mannes anzunehmen und einzunehmen. Didaktisch folgt daraus, dass die Lehrkraft Fehlinterpretationen zulassen sollte und die SuS getrost in die falsche Richtung denken lassen kann. Dies kann unter anderem durch ein sinnstiftend betontes Vorlesen durch die Lehrkraft passieren. Eine andere Variante besteht darin, den Text zunächst nur bis zu dem Satz „Wohl aber erkennt er jetzt im Dunkel einen Glanz," (227) vorzulesen. Der Vorteil dieser Option liegt darin, dass die SuS bis hierhin außer dem „offen" stehenden (226) Tor noch keinen expliziten Grund haben, sich stark vom Mann abzugrenzen. Hierbei bietet sich an, zu fragen, welche Bedeutung das Gesetz

für den Mann hat und weshalb er nicht eintreten darf bzw. wer hierfür verantwortlich ist. Wenn findige SuS antworten, dass der Mann eintreten könne und selbst schuld sei, könnte man diese fragen, wodurch ein anderer Leseeindruck entstehen könnte. Hierfür käme man auf die Perspektivierung zu sprechen und – nachdem die Parabel zu Ende vorgelesen ist und manche SuS Recht bekommen und weitere irritiert sind – kann zum nächsten Schritt übergehen.

2. Im Anschluss an die erste Zielstellung kann auch die zweite Zielstellung dem Beschreiben des Ästhetischen dieser Parabel und dem Verbalisieren von Eindrücken dienen, jedoch mit fachsprachlicher Begründung. Hierdurch entsteht im Gespräch über Literatur durch präzise Ausformulierung eine intersubjektive Nachvollziehbarkeit der Leseeindrücke. Die SuS sollen nun im eine formale Analyse zentraler Aspekte anstellen. Hier könnte die Aufgabe lauten, die Erzählphänomene des Textes (Ehlers 2016, 88) sowie eine Analyse des Satzbaus und der Lexik anzustellen. Zu dieser Aufgabe könnte die SuS auch das kriterienbasierte Einschätzen der Leseschwierigkeit motivieren. Das würde dazu führen, dass sie reflektieren, weswegen dieser anspruchsvolle Text durchaus simpel wirken kann. Zudem würde es die SuS auf die Figurenperspektivierung und die einseitige Berichterstattung des auktorialen Erzählers aufmerksam machen. Dabei kann man die SuS durch folgende Fragen unterstützen: Wer erzählt die Geschichte, was berichtet er über den Mann vom Lande und über den Türhüter? Wessen Gedanken werden wiedergegeben? Was „sieht" der Leser? Mit welchen Techniken der Figurencharakterisierung (vgl. Ehers 2016, 69) wird beschrieben? Wozu dient dies? Hierbei sollen die SuS nachvollziehen, dass der Text durch seine anschauliche Darstellung den Leser dazu anregt, sich in den Mann hineinzuversetzen. Durch das Verstehen der Figurenperspektivierung soll den SuS erleichtert werden, sich von der subjektiven Perspektive des Mannes zu distanzieren.

3. Nachdem man die in Kap. 3.1 und 3.2 besprochenen Aspekte durch die vorangegangene Phase bearbeitet hat, steigt das Anforderungsniveau bei der Herausforderung der Reflexion des Verhaltens des Mannes. Die SuS sollen hierfür die Textbelege zusammentragen, die hierfür sprechen („offensteht"(226), „Versuche es doch"(226), „nur für dich"(227)). Daraufhin soll die Frage erörtert werden, weswegen ein Ungerechtigkeitsempfinden entsteht. Hierfür kann das „Versuche es doch"(226) auf seine Wirkung befragt werden. Die Aufforderung des Türhüters lässt sich übersetzen in: „Du hast keine Chance, aber nütze sie" (Hiebel 1999, 109). Welche Emotion provoziert dies und warum? Dies provoziert negative Emotionen. Anregungen hierfür können folgende Fragen sein: Der Türhüter arbeitet offenbar für das Gesetz und fungiert als Sprachrohr für das Gesetz. Er als Stellvertreter wird vom Leser als Sündenbock für die Frustration des Nichteintretens in das Gesetz verwendet. Was sagt es über den Leser aus, dass er dem Türhüter emotional die Schuld gibt für das Nichteintretenkönnen des Mannes und sich wie der Mann an ihm aufreibt? Der Leser hat wie der Mann den Reflex, Schuld von sich zu weisen. Der Mann könnte eintreten, behindert sich aber selbst. Er

wird sich nicht selbst gerecht, anstatt dass der Türhüter ihn ungerecht behandelt. Durch die Perspektivierung und durch das Nachvollziehen des Reflexes, die Schuld und Verantwortung für das eigene Handeln von sich zu weisen, entsteht dieses Empfinden von Unrecht. Diese Einsicht sollte gesichert werden, bevor die Interpretationen der SuS konkret werden.

4. Die höchste Anforderung stellt ein reflektiertes In-Bezug-Setzen der Textwelt zur eigenen Lebenswelt dar. Umfassendes Textverstehen ist meines Erachtens erst dann sichtbar, wenn die SuS zu einer Analogiebildung und der Kritik der durch die Analogiebildung sichtbaren und in Schritt 3 herausgearbeiteten Botschaft fähig sind. Wie können die SuS dazu angeleitet werden? Eine Sammlung, was das Gesetz sein kann, kann SuS anregen, die Problematik auf ihre eigene Lebenswelt zu beziehen. Es bietet sich an, dass die SuS diesen Schritt schriftlich vollziehen. Dies kann durch ein handlungs- und produktionsorientiertes Verfahren vollzogen werden, z.B. durch die Methode „Nach dem Muster des Textes selbst einen Text schreiben" (Haas et al. 1994, 24). An dieser Stelle kann der Funktion des LU der Toleranzbildung und der Empathie besonders Rechnung getragen werden. Durch die Texte der SuS kann ein Abgleich der Gesetzes-Interpretationen der SuS untereinander stattfinden, andererseits bietet es sich an, dass die SuS das in der Parabel vermittelte Weltbild kritisieren und mit ihrem in Bezug setzen.

5. Abschließend bietet es sich für das Ziel, das Interesse der SuS an Literatur zu steigern, an, zu reflektieren, dass man nicht schwer von Begriff ist, wenn man auf den Text hereinfällt, sondern der Text ist clever verfasst und man wie viele Mit-SuS gestrickt ist. Eine Wiederaufnahme der Irritation und Fehlinterpretationen aus Schritt 1 bietet sich hierbei an. Ein Resümee könnte lauten, dass Kafka „die innere Wahrheit im sprachlichen Bild" beschreibt (Erlemann 2014, 94f). und „Figuren oder Gegenstände stehen [] für innerpsychische Instanzen [In diesem Fall können der Türhüter und der Mann als innere Anteile betrachtet werden.]; Ereignisse und Handlungsabfolgen repräsentieren innere Konflikte." (Erlemann 2014, 94f) Durch diese Schritt würde man im hermeneutischen Zirkel nicht bei sich selbst, sondern bei Kafka verharren, was der Annäherung an Literatur (statt bloß sich selbst) zugute kommt.

6 Fazit

Wenn Literaturunterricht das Ziel hat, SuS mit dem Spezifischen an Literatur bekannt zu machen, Empathiefähigkeit zu fördern und einen Reflexionsprozess in Gang zu setzen, kann Kafkas Parabel im Deutschunterricht dafür dienlich sein. Obgleich die Parabel eher knapp formuliert ist, bietet sie einen Anlass für viele psychologisch-inferenzielle Verstehensprozesse. Dadurch kann mit entsprechender didaktischer Umsetzung einen geeigneten Unterrichtsgegenstand darstellen. Jedoch birgt der Text die Gefahr für eine Vielzahl an Fehlinterpretationen, die einerseits der emotionalen Herausforderung einer negativen Selbsterkenntnis, die kompensiert wird, andererseits einer Unklarheit über den Umgang mit Offenheit in fiktionalen Texten geschuldet sein dürften. Die Wahrnehmung der SuS, die sich an der Wahrnehmung des Mannes vom Lande orientiert, muss als Analysegrundlage aufgegriffen werden und die durch die textnahe Analyse ermittelte intendierte Wirkung und Aussage des Textes aufgegriffen werden.

Aufgrund der mannigfaltigen Forschungsmeinungen und dem Wandel der Interpretationen in der Forschung stellt der Text nicht nur für die SuS, sondern auch für die Lehrkraft einen herausfordernden Unterrichtsgegenstand dar. Wie von den SuS Leistungskontrollen verfolgte Interpretationslinien, die ich nach Sichtung des literaturwissenschaftlichen Diskurses ablehne, in der Praxis sinnvollerweise benotet werden sollen, ist eine Frage, die hier nicht beantwortet werden kann. Denn wo der literaturwissenschaftliche Diskurs weit auseinanderklafft, erachte ich es als schwierig, SuS Deutungen zu verbieten. Weiterhin herausfordernd ist der zeitliche Aufwand, der bei einer literaturwissenschaftlichen Durchdringung dieses Textes und somit bei einer idealen Unterrichtsvorbereitung erforderlich wäre. Mit der Frage „Bleibt einem Lehrer angesichts der Fülle der Kafka-Literatur etwas anderes übrig als zu verzweifeln?" bringt es Kammler hierbei auf den Punkt.(1993, 198) Es wäre hilfreich, wenn es eine ausführlichere literaturdidaktische Handreichung zu Texten wie „Vor dem Gesetz" gäbe, die den LehrerInnen die Sichtung des anregenden literaturwissenschaftlichen Diskurses und der Didaktik erleichtern würde.9

Abschließend möchte ich die Ergebnisse dieser Arbeit eingrenzen. Erstens ist es eine Frage des persönlichen Geschmacks, ob die Parabel dem Leser gefällt. Deshalb kann der Anspruch dieser Überlegungen nicht höher sein als der, denjenigen SuS, die von ihrer Persönlichkeit und ihren aktuellen Vorlieben her Gefallen an Kafka finden könnten, Lust auf mehr Kafka zu machen. Manche SuS jedoch werden Kafkas Darstellungsart nicht mögen. Deshalb möchte ich für eine Vielfalt an Darstellungsweisen und damit für eine Vielfalt an Autoren im Deutschunterricht plädieren, was wiederum das Verwenden der Parabel (ohne „Prozess") als isolierten Unterrichtsgegenstand legitimiert.

9Dieses Anliegen formuliere ich vor dem Hintergrund von Schmidts Fazit, dass nicht nur die Praxis aus der Deutschdidaktik lernt, sondern auch „die Deutschdidaktik durch die Praxis beeinflusst und inspiriert ist" (Schmidt 2018, 16)

7 Literatur

Alt, Peter-André (2005): Franz Kafka. Der ewige Sohn. Eine Biographie. München: Beck.

Andringa, Els (1994): Wandel der Interpretation. Kafkas "Vor dem Gesetz" im Spiegel der Literaturwissenschaft. Opladen: Westdteutscher Verlag.

Böttger, Aylin u. a. (2006): „Mein Selbst und ich – darf ich vorstellen?". Identitätsentwicklung im Jugendalter, Hildesheim: Universität Hildesheim.

Derrida, Jaques (1992): Préjugés. Vor dem Gesetz. In: Liebrand, Claudia (2006): Franz Kafka: neue Wege der Forschung. Darmstadt: Wissenschaftliche Buchgesellschaft.

Ehlers, Swantje (2016): Literaturdidaktik. Eine Einführung. Stuttgart: Reclam.

Erlemann, Kurt, Nickel-Bacon, Irmgard & Loose, Anika (2014): Gleichnisse - Fabeln -Parabeln . Exegetische, literaturtheoretische und religionspädagogische Zugänge.   Tübingen: A. Francke Verlag.

Fingerhut, Karlheinz (1993): Annäherung an Kafkas Roman „Der Proceß". Schreibexperimente   an gestrichenen Varianten. In: Praxis Deutsch: Zeitschrift für den Deutschunterricht.   Hannover: Friedrich. 1993 120 (20) 46-50.

Fingerhut, Karlheinz (2017): Kafka für Querdenker: literaturdidaktische Lektüren. Frankfurt am   Main u.a.: Peter Lang GmbH, Internationaler Verlag der Wissenschaften.

Fischer, Ute (1993): „Vor dem Gesetz". Bedeutung konstruieren. In: Praxis Deutsch : Zeitschrift   für   den Deutschunterricht. Hannover: Friedrich. 1993 120 (20) 41-45.

Foucault, Michel (1977): Überwachen und Strafen. Die Geburt des Gefängnisses, Frankfurt am   Main: Suhrkamp.

Haas, Gerhard, Menzel, Wolfgang& Spinner, Kasper H. (1994): Handlungs- und produktions- orientierter Literaturunterricht. In: Praxis Deutsch 1994 123 (21) 17-25.

Hiebel, Hans H. (1999): Franz Kafka: Form und Bedeutung. Formanalysen und Interpretationen   von   Vor dem Gesetz, Das Urteil, Bericht für eine Akademie, Ein Landarzt, Der Bau, Der   Steuermann, Prometheus, Der Verschollene, Der Proceß und ausgewählten Aphori   smen. Würzburg: Königshausen & Neumann.

Homberger, Dietrich (2009): Lexikon Deutschunterricht: Fachwissen für Studium und Schule. Baltmannsweiler: Schneider-Verlag.

Kafka, Franz (2003): Der Prozess. 10. Auflage. Frankfurt am Main: Fischer.

Kammler, Clemens (1993): Neue Literaturtheorien und Unterrichtspraxis. Eine Untersuchung am Beispiel von Kafkas „Vor dem Gesetz". In: Klaus-Michael Bogdal (Hrsg.): Neue Literaturtheorien in der Praxis. Textanalysen von Kafkas "Vor dem Gesetz". Göttingen: Vandenhoeck & Ruprecht.

KMK (2019): Bildungsstandards im Fach Deutsch für die Allgemeine Hochschulreife. Beschluss vom 08.02.2019.https://www.schulportal-thueringen.de/tip/resources/medien/43341?dateiname=lp_gy_deutsch_neue+Fassung_08.02.2019_TSP.pdf (10.05.2021).

Kobs, Jörgen (1979): Kafka. Untersuchungen zu Bewusstsein und Sprache seiner Gestalten. Königstein im Taunus: Athenäum-Verl.

Köster, Juliane (2020): Die Erfahrungsangebote literarischer Texte nutzen. In: Mitteilungen des Deutschen Germanistenverbandes 2020, (67) Göttingen: Vandenhoeck & Ruprecht.

Köster, Juliane/Matuschek, Stefan (2019): 11 Thesen zum Literaturunterricht. In: Didaktik Deutsch 2019 (47) 23–27.

Kreis, Rudolf (1996): Kafkas "Proceß" : das große Gleichnis vom abendländisch "verurteilten" Juden ; Heine - Nietzsche – Kafka. Würzburg: Königshausen und Neumann.

Löck, Alexander (2010): Was vom Fragen übrig blieb: Versuch einer Synthese. In: Löck, Alexander, Urbich, Jan & Grimm, Andreas. (Hgg.): Der Begriff der Literatur: transdiszipli- näre Perspektiven Berlin [u.a.]: de Gruyter. 63-118.

Neumann, Bernd (2007): Franz Kafka. Aporien der Assimilation. Eine Rekonstruktion seines Romanwerks. München: Fink.

Schmidt, Frederike: (2018): Die Bezüge in beide Richtungen denken: Plädoyer für produktive Brückenschläge zwischen Fachdidaktik und Praxis. Didaktik Deutsch: Halbjahresschrift für die Didaktik der deutschen Sprache und Literatur 2018 (23) 45, 11-17.

Willems, Gottfried (2010): Der Literaturbegriff als Problem der Wissenschaft: die Literatur als Refugium des Wertlebens und das Ideal der wertfreien Wissenschaft In: Löck, Alexa- nder, Urbich, Jan & Grimm, Andreas. (Hgg.): Der Begriff der Literatur: transdisziplinäre Perspektiven Berlin [u.a.]: de Gruyter. 223.-246.

Willems, Gottfried (2002): „Literatur". In: Ricklefs, Ulfert (Hrsg.): Fischer Lexikon Literatur. Band 2. Frankfurt am Main: Fischer. 1006–1029.

Zimmermann, Hans Dieter (1995): Franz Kafka: Der Process. Frankfurt am Main: Diesterweg.

Leseeindruck

Der Text ist einfach zu lesen und dennoch zieht er mich in seinen Bann, ruft in mir eine Vielzahl an Gedankengängen hervor und hinterlässt Verwirrung. Am „Ende"(227)[10] fühle ich mich betrogen und ungerecht behandelt vom Türhüter und bin wütend auf ihn. Denn wenn die Tür „nur für [den Mann]"(227) bestimmt wäre, hätte der Türhüter dem Mann doch helfen können. Ich verstehe nicht, weswegen der Türhüter dem Mann nicht hilft. Die Geschichte wirkt zudem irritierend, denn der Mann darf nicht eintreten („jetzt aber nicht"(226)), obwohl er hätte eintreten sollen. Ich empfinde die Geschichte als kunstvoll, weil sie mit wenigen Sätzen einen „Gedankenstrudel" anregt und den Wunsch in mir weckt, das Rätsel nach dem Sinn des Handelns des Türhüters zu lösen. Die Lösung, dass der Mann immer durch die offene Tür (vgl. 226) treten kann, erscheint mir möglich, aber ich möchte nicht ausschließen, dass er überhaupt nicht eintreten konnte, weil ich nicht über das Handeln des Mannes urteilen will und mich mit ihm identifizieren kann. Nach mehrmaligem Lesen sehe ich ein, dass der Mann hätte eintreten können, doch dennoch wirkt dieses Ergebnis unbefriedigend, weil ich vielleicht etwas übersehen habe, was mir bei so einem einfach geschriebenen Text normalerweise nicht passiert.

---

[10]Zitiert aus Franz Kafka: Der Prozess. 10. Auflage 2003, Frankfurt am Main: Fischer.